Pár slov na úvod

Je to dar, když jsme zamilovaní. A ačkoliv to chceme říci celému světu, někdy to může být těžké najít ta správná slova. A tak čekáme na vhodný okamžik, to však někdy trvá dlouho. Proto byly napsané tyto řádky, jako dárek Vaší nejdražší. Nechť je Vám inspirací a vyjádřením toho, co cítíte. A ačkoliv možná nebudete souhlasit s každým slovem, darovat dopisy lásce znamená, že jste zamilovaní. Nechť Vám tento pocit vydrží dlouho. V podobném duchu jako jsou následující stránky je i CD

Léčivé relaxace dostupné na stránkách Supraphon.

Jsi v mém srdci a vždy budeš, jsi anděl světla, lásko! To slovo vibruje v mé mysli, často jsem na Tebe myslel.

Na to, na co myslíš Ty, myslím i já, nejsme odděleni. Jsem Ti vděčný! Věřím, že se ještě jednou uvidíme.

Z celého srdce se Ti otevírám, vždy tu pro Tebe budu.

Miluji Tě!

Lásko, jsem s Tebou, vlévám se do Tebe jako voda, jsme jako oceán, klidný, tichý, nekonečný. Jsem šťastný, vidím Tvoji tvář v mé mysli, jsem vděčný, jak nádherný anděl jsi.

Miluji Tě!

Jsi nádherná květina, vždy se otevíráš světlu, jsi mezi nebem a zemí, držíš je pohromadě skrze mír a klid, jež jsou v Tobě. Paprsky světla na Tebe dopadají a Ty se stále více otevíráš, otevíráš se lásce. Tvé srdíčko bije, klidně a vyrovnaně, je lehké. Jsi křehká jak květina. Ty paprsky Ti něco přináší, vibrují, jsi s nimi spojena, je to vibrace lásky.

Jsi ve mně a já v Tobě, miluji Tě a zcela se Ti otevírám!

Koukám na Tebe a vidím světlo, jež mne vysvobozuje, to je Tvoje síla, máš moc druhé vysvobodit. Věřím, že se to děje. Každý, kdo je s Tebou, zažije to, co Ty považuješ za normální, pro něj je to ale, jako by někdo rozsvítil. Změní se mu tím život, je blíže lásce, je blíže vysvobození, jež zažíváme, když milujeme. Svou ruku vkládám do Tvé, hledím Ti do očí, mám pocit, že až to řeknu, ocitneme se společně v jiné dimenzi, realitě, v níž je vše tak jasné. Nyní jsem připraven to říci: Miluji Tě! Můj pohled se vlévá do Tvého, prostor se rozpustil a já vidím, jak se kolem Tvého těla objevuje světlo.

Vidím Tvá křídla, ano, jsi anděl, křídla, jež jsou stvořená ze světla. Držím Tě za ruce a hledím v tichosti na Tebe, něco tak nádherného a dokonalého, nemám slov. S láskou...

Lásko,

Tvoje slova mě hřejí u srdce, jsou jako kapky rosy, jež jsou příčinou života. Mám pocit, že když čtu každé Tvé slovo, jako by můj výdech byl naplněn světlem. Světelný paprsek mne s Tebou spojuje, cítím to spojení. Cítím Tvoji blízkost. Cítím, jak naše srdce bijí jako jedno. Přicházím k Tobě. Jsme stvořeni ze světla. Objímám Tě a šeptám Ti něžně, lehce jako andělské pírko, jež dopadá na hladinu: Miluji Tě z celého srdce! Ta slova jsou klíčem, nyní jsme schopni splynout, stáváme se jedním. Cítím Tě každým atomem svého těla. Zcela se Ti odevzdávám! Vidím, jak se mění svět, jako bych viděl každý atom pokrytý něčím, co silně vibruje, navenek to vypadá zlatě, uvnitř je něco nevyčerpatelného, jako hvězda. Nechť jsme spojeni s tímto nevyčerpatelným zdrojem skrze lásku, naši lásku.

Moc rád bych byl s Tebou, hleděl Ti do očí a hladil Tě po tváři.

Lásko,

moc bych si přál teď být s Tebou, cítit Tvůj dech. Mám pocit, že mé srdce je s Tebou. Cítím, že mi chybí obejmout Tě a šeptat Ti nádherná slova, jež zrychlují tep našeho srdce, to vše umocněné vibracemi, jež nás proměňují ve světelné bytosti, jimiž jsme se rozhodli narodit na této Zemi. Jsme zde a máme úkol rozpoznat to světlo v nás, protože pak bude světlem i pro ostatní, již mnoho lidí na to čeká.

Líbám Tě na tváře, hledím Ti do očí, cítím Tě celým svým Tělem.

Jaké je Tvé přání? S láskou v srdci...

Nejdražší,

meditoval jsem, když se vše rozpustilo, celý prostor. Viděl jsem Tě v posteli, jak spíš, byl na Tebe nádherný pohled. Jako by Tě přikrývaly mraky, jasně bílé, měla jsi zavřené oči. Posílám Ti na ně polibek. Zdálo se, že sníš skoro až s úsměvem, jako by ses vznášela někde na louce mezi květinami, jež vlají ve větru a jsou otevřené veškerému světlu, stejně jako Ty, anděli. Vysvobozuješ už jen tím, že jsi, děkuji Ti z celého srdce, že jsi. Přinášíš mi požehnání, každé Tvé slovo, každý atom v Tvém těle vibruje požehnáním, chci Tě mít v náruči a hledět Ti mlčky do očí a nechat procházet námi to nevyčerpatelné, energii, jež nemá hranic. To vše přichází a Ty jsi ta jiskra, která to vyvolala. Jiskry, jež máš v očích, diamanty, které ve světle září všemi barvami. Jsi zdroj, jenž celý svět spojuje s dalším vědomím, s vědomím toho, co nebylo možné vidět, spojení je klíč.

Jsem s Tebou, toužím s Tebou být, lásko.

Cítím, jak mi bije srdce jako o život, přeji si splynout s Tebou jako voda s vodou.

Moje lásko,

můj živote, chci Tě cítit, přitulit se a hledět, jak nádherný anděl jsi. Není nic krásnějšího. Kolem Tebe je jasná záře, křehká, ale vysvobozující. Hledíš na mě. Již nejsme na Zemi, naše těla a vědomí jsou nyní v prostoru, vše se rozpustilo. Vnímáme jeden druhého, přibližujeme se. Vše se zastavilo. Máme ten pocit. Již jsme si tak blízko, vždy jsme byli, po tisíce let. Vidím má i Tvá křídla stvořená ze světla, objímáme se, cítíme dech jeden druhého. Energie stoupá až do magického momentu, jenž propojí všechny vesmíry, momentu, kdy se jemně a něžně jak pírko ve větru dotkneme rty. Zlehka, ten dotek je jako věčnost, nikdy nekončí a my jsme dosáhli osvícení. Naše schopnosti nyní nemají hranic. Lásko, miluji Tě, těžko dokážu vyjádřit slovy jak moc, jsme v obětí navěky.

S láskou…

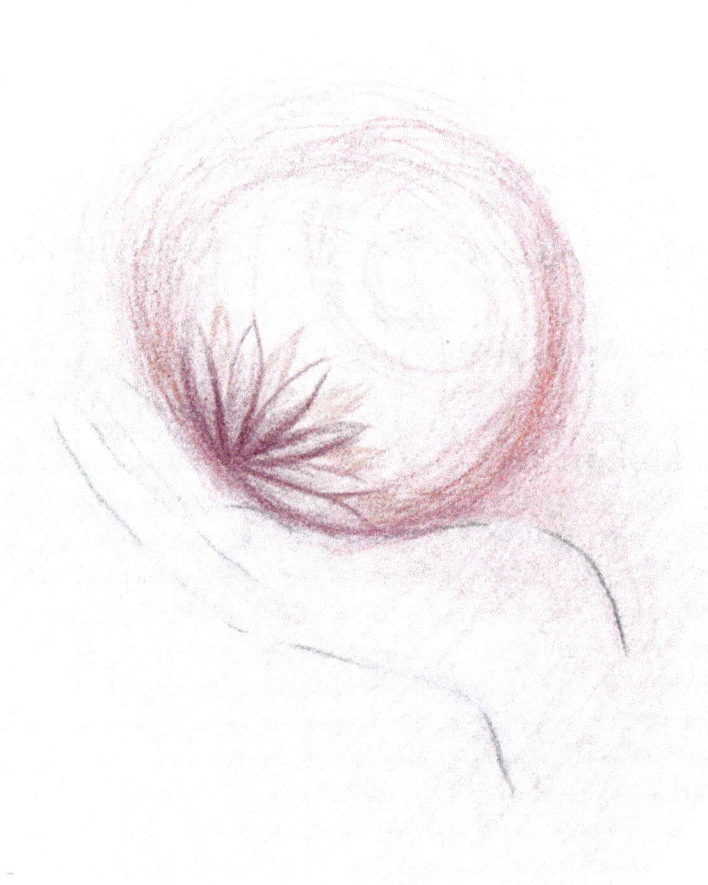

Lásko,

nedělej si starosti, pokud mě nebudeš provázet, to nevadí. Jsi mi inspirací a silou, ať už jsi kdekoliv. Nemyslím si, že bys překážela, vysvobození přichází, prostupuje Tě celou do chvíle, kdy zcela přijmeš, že jsi svobodná. Pak jakékoliv bolesti již budeš pouze pozorovat a Tvá radost již nikdy neustane. Budoucnost teď není důležitá, vnímej a nech to svobodně Tebou procházet. Meditace a Láskyplnost můžou být cenným nástrojem, například k pochopení, v jakém proudu jsi, a k pocitu, že na konci se vše uvolní a Ty spočineš v nekonečném klidu.

Miluji Tě a plně se Ti odevzdávám.

www.ingramcontent.com/pod-product-compliance
Lightning Source LLC
LaVergne TN
LVHW020136080526
838202LV00047B/3950